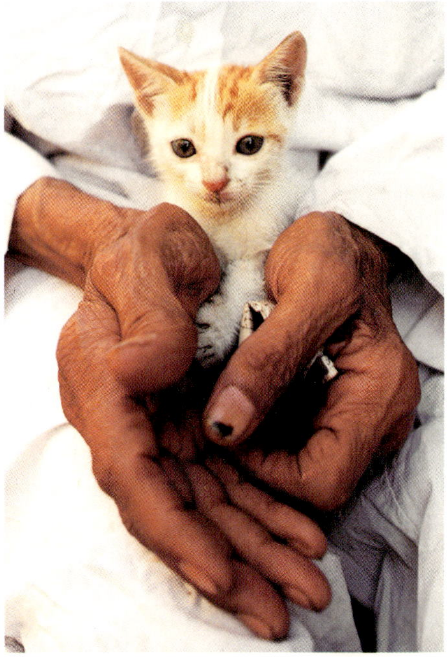

Chats du Caire

ETERNEL DES PHARAONS

Lorraine Chittock

INTRODUCTION
Annemarie Schimmel

Bibliothèque de l'Image

Les animaux domestiques sont notre lien avec le monde sauvage.
Offrons leur donc notre respect et notre gratitude.

Première de couverture :
Mosquée d'El-Mouayad, près de la porte Bab Zoueila
Frontispice : *Devant la mosquée de Qajamas el-Ishaqi, Darb el-Ahmar*
Page de titre : *Mosquée al-Mu'ayyadd'El-Mouayad*

Photos© 1999 Lorraine Chittock
lorrainechittock@bigfoot.com
Introduction© 1999 Annemarie Schimmel

Traductions de l'égyptien ancien
Jaromir Malek : pages 13, 14, 19, 22, 25, 26.
M. Depauw : pages 16, 20.

Motifs de *Ancient Egyptian Patterns* et de *Islamic Designs*, d'Eva Wilson,
Publiés par The British Museum Press, 1997.

« Jalousie » et « Every Cat Has a Story » ont été reproduits avec l'autorisation de l'auteur, Naomi Shibab Nye. « Jalousie » a été publié pour la première fois dans Hugging the Jukebox, édité par E.P. Dutton ; « Every Cat Has a Story » a été publié pour la première fois dans *English Journal*. « Après la fièvre » a été reproduit avec l'autorisation de l'auteur, Lisa Suhair Majaj.

« Chat Gayer Anderson », EA 64391, p. 7,
avec l'aimable autorisation des Trustees of the British Museum.
« Souris rongeant un filet », p. 9, MS Poc 400 fol (cat)
et « L'Homme marié et sa famille », p. 10, MS Bodl Or133 fol 40r,
avec l'aimable autorisation de la Bibliothèque Bodléienne.

Traduction de l'anglais (États-Unis) : Marc Phéline
Mise en page de l'édition française : Sophie Clavel

Tous droits réservés. Toute reproduction, même partielle, de cet ouvrage est interdite. Une copie ou reproduction, par quelque procédé que ce soit, constitue une contrefaçon passible des peines prévues par le code de la propriété intellectuelle.

© 2001 Abbeville Press, New York
© 2001 Bibliothèque de l'Image, Paris, pour la traduction française
Dépôt légal : 1er trimestre 2001
ISBN : 2-914239-41-6
Imprimé à Hong Kong

Remerciements

John Dawson, ami des chats par la force des choses, pour son écoute patiente et affectueuse tout au long de la réalisation de ce livre. Merci pour son attention et ses précieux conseils éditoriaux.

Dick Doughty, pour l'attention qu'il a consacrée à l'édition de cet ouvrage tant sur le plan visuel que littéraire. Merci pour l'avoir enrichi de tout son esprit et de toute son érudition.

Annemarie Schimmel, pour avoir su partager tout son savoir, accumulé au cours de longues années d'études. Un inappréciable don de connaissances d'une amie des chats à une autre.

Jaromir Malek, pour avoir apporté ses compétences en Égyptologie et son amour des chats à la réalisation de ce livre.

M. Depauw pour ses traductions du démotique.

Liz Waygood pour sa traduction attentive.

Andrea Pape-Christiansen pour la finesse de ses traductions.

Le Professeur Yahya Michot, de l'Oxford Centre for Islamic Studies, pour avoir appuyé les recherches.

Sally Skerrett, pour son soutien artistique attentionné en de multiples occasions.

Ahmed Sultan pour sa magnifique calligraphie féline.

Matthew Kleinosky pour avoir su faire exister un site Internet longtemps resté en gestation.

Linda Cox, pour avoir assuré la coordination après mon départ du Caire et m'y avoir si bien accueillie à mon retour.

Neil Hewison, pour ses précieuses informations.

Andy Smart, pour sa camaraderie et son soutien, d'éditeur à d'éditeur.

Mike et Kelly Zarg, pour m'avoir accordé leur confiance.

Tanya Watkins (British Museum) et Doris Nicholson (Bibliothèque Bodléienne), pour leurs recherches iconographiques.

Ma mère, Barbara Timms, pour tous les livres sur les chats qu'elle m'a donnés quand j'étais petite.

Et bien sûr tous les Cairotes qui partagent avec moi la passion des chats.

Introduction

par Annemarie Schimmel

Dans les années 1830, l'orientaliste britannique E. W. Lane, qui vivait alors au Caire, s'étonnait de voir de très nombreux chats accourir, l'après-midi, dans le jardin du Tribunal, où des gens leur apportaient des paniers de nourriture. C'est, comme il l'apprit, que le cadi — le juge — remplissait des obligations remontant au règne du sultan mameluk al-Zahir Baybars, au XIIIe siècle. Ce monarque félinophile avait en effet créé un « jardin de chats », une fondation charitable qui fournissait le gîte et le couvert aux matous du Caire. Au cours des temps, l'endroit, passé de mains en mains et plusieurs fois rebâti, avait certes changé, mais la loi qui imposait d'honorer la fondation du sultan était toujours en vigueur. Et qui, mieux que le cadi, aurait pu honorer la volonté du monarque et s'occuper des chats ?

La tradition va bon train. Aujourd'hui encore, quiconque visite le monde islamique peut constater combien les chats sont nombreux dans les rues du Caire — mais aussi d'Istanbul, de Kairouan, de Damas et de bien d'autres villes. Il n'est pas un lieu qui ne vous rappelle cet adage, que la croyance populaire attribue au prophète Mahomet : « L'amour des chats fait partie de la foi. »

Cependant, il semble que de toutes les villes du Moyen-Orient, c'est au Caire que l'on aime le plus les chats. Ici, en effet, les traditions à leur égard remontent à bien avant l'Islam. Dans l'Égypte pharaonique, le chat comptait parmi les divinités majeures : on donnait parfois au dieu parmi les dieux, Rê, le nom de « Chat Suprême », et dans le « Livre des

Le « Chat Gayer Anderson » (bronze, v. 664-630 av. J.-C.), British Museum

Morts », qui date du IIe millénaire avant J.-C., le chat était également assimilé au soleil — ce que l'on comprend aisément au vu de ces chats si minces et superbement dorés de Nubie !

La légende veut que, dans les temps immémoriaux, Rê, le dieu solaire, ait pris la forme d'un chat gigantesque pour combattre et vaincre les ténèbres, incarnées sous la forme d'un redoutable serpent.

Faut-il s'étonner de voir réapparaître, des siècles plus tard, et sous une autre apparence, ce vieux mythe du chat de lumière et du serpent des ténèbres dans le monde musulman ? Selon un conte populaire, un serpent vint demander un service à Mahomet, mais, au lieu de le remercier, il s'enroula autour de sa poitrine et allait le piquer lorsqu'un ami du Prophète vint à passer. Ce saint homme s'appelait Hurayra, « le Père-à-chats », car il emmenait toujours le sien avec lui, dans un sac. Voyant le vénéré Prophète en danger, il ouvrit son sac. Le chat s'en échappa aussitôt, bondit sur le serpent et le tua, sauvant ainsi Mahomet. Reconnaissant, le Prophète lui tapota le dos, et c'est pourquoi les chats ne tombent jamais sur le dos ; Il lui caressa aussi la tête, et c'est pourquoi les chats ont quatre petites raies sur le front, la marque des doigts du Prophète.

Dans l'Égypte ancienne, on vénérait non seulement Sekhmet, la déesse à tête de lionne, mais aussi et surtout la plus aimable Bastet à tête de chatte, dont le temple se trouvait à Bubastis, dans le delta du Nil. Des prêtres y vouaient leur vie au service du chat, selon un code de conduite des plus stricts.

On ignore à quel moment de l'histoire les Égyptiens sont parvenus à domestiquer le chat. Ils pourraient l'avoir découvert en Nubie, où il est toujours considéré comme portant bonheur. Ils n'ont sûrement pas tardé à remarquer combien il était utile : quel autre animal aurait pu exterminer, ou du moins éloigner, les rongeurs qui mettaient en péril la plus grande richesse de l'Égypte ancienne, le blé entreposé dans ses greniers ? Aussi est-ce tout naturellement en Égypte ancienne

Chat d'aujourd'hui, mosquée al-Mu'ayyadd'El-Mouayad, près de Bab ZuwaylaZoueila, Le Caire

qu'est apparue la première histoire de guerre entre chats et souris, avant d'être colportée dans le monde entier, en vers et en prose.

Les anciens Égyptiens ne savaient pas quoi inventer pour contenter leurs chats : ceux-ci étaient brossés et baignés, oints d'huiles odorantes et, bien sûr, régalés de mets délicats. Car une vie de chat comptait autant qu'une vie humaine, et même en période de vaches maigres on leur gardait leur part de nourriture. Bien entendu, personne n'aurait jamais osé manger du chat, tandis qu'en Europe, les famines valurent à bon nombre de « lapins de gouttière » de finir dans la marmite. En Égypte, le fait est connu, on pouvait être exécuté pour avoir tué un chat, voire, si l'on était pris sur le fait, lynché par la foule. Dans le monde islamique, la vie des chats a toujours été considérée très précieuse : en Turquie, on croyait qu'élever une mosquée ne suffisait pas à expier la mort d'un chat, tandis que dans le Bengale musulman, on pouvait exiger onze livres du bien le plus précieux, le sel, comme prix du sang pour un tel crime. Dans d'autres régions, on suspendait le chat mort par la queue et le coupable devait entasser des grains de blé autour de l'animal jusqu'à ce que le bout de sa queue soit complètement invisible.

Naturellement, en Égypte comme ailleurs, ces bien-aimés compagnons finissaient par mourir. La mort d'un chat causait un immense chagrin à son maître, qui, s'il en avait les moyens, le faisait embaumer et envelopper de linges parfumés d'huile de cèdre. De grandes funérailles félines avaient lieu à Bubastis, où tous ceux qui étaient en deuil de leur chat se retrouvaient pour des cérémonies solennelles. Pour montrer son affliction, on se rasait les sourcils. On enterrait l'animal exactement comme un être humain, et le maître disposait fréquemment quelques objets dans la tombe afin que le disparu puisse jouer avec dans l'autre monde ; dans la nécropole des chats, on a même retrouvé des petits bols pour le lait.

Diverses formes du dieu solaire gravées sur le second sarcophage de Toutankhamon (1336-1327 av. J.-C.), Musée égyptien, Le Caire

En outre, on produisait toutes sortes de statues de chats, de toutes tailles, dans diverses positions : chattes assises, fières comme de petites reines sous leurs parures d'or, ou calmement étendues. Certaines des figurines les plus charmantes représentent une mère avec ses petits. Ces statuettes font s'attarder les amoureux des chats dans les grands musées européens et américains, tandis qu'au Khan el-Khalili du Caire leurs reproductions font l'enchantement des touristes.

On ne sait quand ni comment les Arabes sont entrés en contact avec les chats. Peut-être un moine chrétien venu d'Égypte a-t-il passé la mer Rouge avec son compagnon à fourrure. Mais une chose est sûre : les Bédouins, eux, n'aiment pas les chats, si l'on en croit plusieurs histoires et proverbes d'origine bédouine. Étant nomades, les Bédouins ne possédaient ni greniers ni aucun endroit où conserver de la nourriture ; aussi pourquoi se seraient-ils encombrés d'un animal susceptible de chasser ou de croquer d'indésirables souris ? C'est d'ailleurs, selon eux, sous la forme d'un chat que la créature maléfique du désert, la *ghul* (qui a donné « goule » en français), affole les dromadaires.

Souris rongeant le filet qui enserre un chat, dans l'espoir d'obtenir son aide contre la chouette et la belette qui la menacent. Copie du XIVe siècle du manuscrit arabe « Kalila wa Dimna », Bibliothèque Bodléienne, Oxford.

Cependant, dans les villes d'Arabie et d'autres pays islamisés au cours des VIIe et VIIIe siècles, les chats ont joué un rôle important et ont alimenté de nombreux contes populaires. Ainsi, comme chacun le sait par la tradition, le Prophète Mahomet aurait coupé une manche de son manteau pour pouvoir aller à la prière sans interrompre les ronrons d'un certain Muizza, endormi dessus ; un autre jour, une chatte serait venue mettre bas sur le manteau du Prophète afin que celui-ci s'occupe de la portée. On lui attribue en outre quantité de propos aimables sur les chats. Il était essentiel de faire savoir aux futures générations de musulmans que le chat est un animal propre : même s'il a bu dans un bol, l'eau de celui-ci peut encore servir aux ablutions qui précèdent la prière, alors que la bave du chien rend impur tout ce qu'elle souille. Ainsi trouve-t-on souvent des chats dans les mosquées, où ils sont les bienvenus non seulement parce qu'ils en éloignent les souris, mais aussi parce que les religieux pensent que le chat lui-même se livre à des ablutions. On a même comparé le ronronnement au *dhikr*, la psalmodie rythmée des Soufis.

Se montrer miséricordieux envers les animaux, et en particulier envers les chats, était considéré comme une vertu. Selon un charmant conte soufi, après sa mort, Shibli, un Soufi iraquien du Xe siècle, apparut en songe à quelqu'un pour lui

raconter comment le Très Haut lui avait accordé miséricorde. Le Seigneur lui ayant demandé s'il savait lequel de ses actes lui avait valu le pardon, Shibli — à ce qu'il confia au rêveur — énuméra une longue liste d'actes vertueux, de nuits en prière, de voyages en quête de sagesse, de jeûnes et autres actes charitables. « Mais le Seigneur me dit : "Rien de tout cela ne t'a valu mon pardon !" Aussi ai-je demandé : "Mais alors, quoi ?" Le Seigneur répondit : "Te souviens-tu de cette nuit d'hiver à Bagdad, lorsque tombait la neige et que tu aperçus un petit chaton qui grelottait sur un mur, et que tu le pris et le mis sous ta pelisse ?" "Oui, je m'en souviens !" "Alors, pour avoir jadis pris en pitié ce pauvre petit chat, maintenant, je te pardonne." »

Très vite, semble-t-il, les Arabes ont adopté les chats comme animaux de compagnie. Sinon, on ne pourrait comprendre pourquoi, selon un ancien récit, la jeune veuve du Prophète, Aïcha, se plaignant d'être abandonnée de tous, ajoutait : « Même le chat m'a quittée. »

Les chats étaient les compagnons de saints hommes et de saintes femmes et ils étaient appréciés des lettrés tant pour leur beauté que pour des raisons plus prosaïques. Des poètes et hommes de lettres arabes ont chanté les louanges de leurs chats en de longs panégyriques rimés pour avoir préservé leurs précieuses bibliothèques des méfaits des rats. Ici, on voit le vaillant matou paradant dans la maison, « les yeux brillants comme s'ils étaient de verre de couleur », le poil long et dru, et « les dents comme des scies » (Abu Ja'far al-Ausi, XIIe siècle). Ailleurs, on apprend comment tel chat a porté chance à son maître (comme le Chat botté en Europe), ou comment tel autre s'est sacrifié pour lui, ou encore lui a apporté le philtre mystérieux capable de guérir une princesse souffrante. Différentes parties du chat — noir, de préférence — pouvaient servir à des pratiques magiques ou entrer dans la composition des remèdes les plus insolites : les fumigations de cervelle de chat sauvage étaient réputées hâter une fausse-couche, et porter des dents de chat empêchait l'ennemi de vous nuire.

Au Caire, la considération due aux félins se manifeste par bien des aspects. Jusqu'à l'époque d'E. W. Lane, les caravanes de pèlerins se rendant aux lieux saints de La Mecque emportaient avec elles de nombreux chats, sans que l'on sache si c'était en souvenir de l'amour des chats du Prophète ou en leur qualité de créatures porte-bonheur. Ou encore les pèlerins craignaient-ils que des souris, ou pire, des rats ne détruisent les provisions de la caravane ? Quelle que fût la raison de cette coutume, ces chats égyptiens étaient chouchoutés par une « dame-à-chats », expressément en charge de leur bien-être.

Aujourd'hui, comme le montrent les photos qui suivent, la mystique des chats est toujours bien vivante dans l'environnement égyptien. Et d'ailleurs, comment le chat serait-il mal considéré dans le monde musulman, quand Dieu a inspiré à l'homme de calligraphier le nom de cet animal sous une forme qui lui ressemble étrangement ?

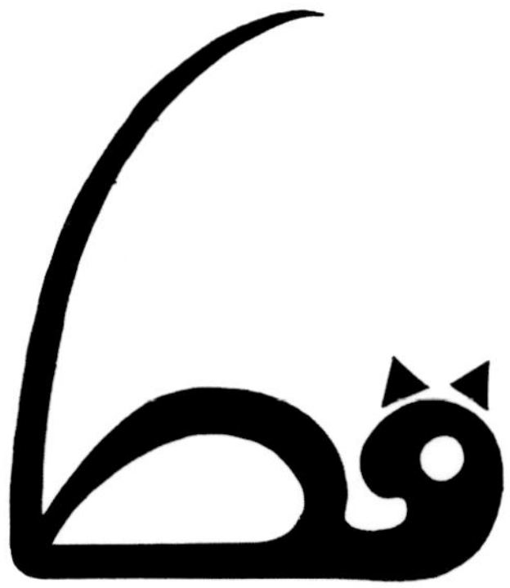

Un chat bien chez lui dans lui dans la maison de « L'Homme marié et sa famille », une scène du « Kitab al-Bulhan », un manuscrit du style dit de Bagdad, v. 1400. Bibliothèque Bodléienne, Oxford.

Le nom du dieu qui veille sur toi est Chat.

Incantation 145. 12e porte du « Livre des morts », XIXe dynastie (v. 1250 av. J.-C.)

Le « Livre des morts » était un recueil d'incantations inscrites sur des papyrus et sur les murs des tombes, et destinées à permettre aux âmes du commun des mortels de se joindre au voyage nocturne puis à la régénération du dieu solaire.

Mosquée d'El-Mouayad, Bab Zoueila

Qui est ce Grand Chat ?
C'est le dieu Rê lui-même. « Miaou » était son nom
quand Siâ parlait de lui,
car il faisait tout en miaulant,
et c'est de là que lui vint son nom de chat.

Incantation 335, " Textes de cercueil " (v. 2000 av. J.-C.)

Les " Textes de cercueil " étaient des sentences écrites sur les cercueils de bois des gens du peuple pour les accompagner dans l'au-delà.

CI-CONTRE : *Pyramides de Gizeh.* CI-DESSUS : *Une famille établie au bord du Nil, près d'El-Manyal*

Ne vous moquez pas des chats.

« Instruction d'Ankhsheshonq »,
période ptolémaïque (IVe -IIIe siècle av. J.-C.)

Musée égyptien, Le Caire

Ô chatte de lapi-lazuli,
aux formes élancées,
maîtresse de la maison d'embaumement,
apporte la paix au bel Occident…

Papyrus funéraire d'Espaheran (v. 900 av. J.-C.), Bibliothèque Bodléienne, Oxford

Souvenirs près du café Nadjib Mahfuz, Khan el-Khalili

Que l'homme embaume
la myrrhe,
et sa femme fait la chatte.
Que l'homme souffre,
et sa femme fait la lionne.

« Instruction d'Ankhsheshonq »,
période ptolémaïque (IVe - IIIe siècle av. J.-C.)

Selon le traducteur M. Depauw, le mot démotique traduit ici par « chatte » peut aussi signifier « guenon ».
Mais dans ce contexte, le premier sens paraît plus adéquat.

Bazar de Mashrabiyyah, Khan el-Khalili

Les animaux du désert boiront au fleuve d'Égypte et se reposeront sur ses rives, car personne ne les en chassera.

Texte connu sous le titre de " Prophéties de Néfertiti " (v. 1980 av. J.-C.)

CI-DESSUS : *Aux abords de la pyramide de Gizeh*
CI-CONTRE : *Felouques à Maadi*

Elle a les fureurs de la déesse Sehkmet et la douceur de la déesse Bastet.

« Le Mythe de l'œil du soleil »,
inscription du temple de Philae (v. 150 av. J.-C.)

CI-DESSUS : *Babouches à Khan el-Khalili*
CI-CONTRE : *Église copte Saint-Georges, Mar Girgis*

Ô toi, l'apaisé,
qui retournes en paix,
tu m'as plongé dans les ténèbres.
Éclaire-moi, que je puisse voir
ta beauté, tourne-toi vers moi,
Ô toi, embelli dans la paix,
apaisé dans la paix,
apaisé de retourner en paix.

Inscription sur une stèle (v. 1200 av. J.-C.)
Ashmolean Museum, Oxford

Mosquée d'El-Mouayad, Bab Zoueila

Qui aime les chats
est très croyant.

Proverbe turc

Dar el-Salam, Le Caire

Le chat jaune de la boulangerie
qui sentait le feuilleté à la crème
nous suivait à la maison.
Nous plongions le visage
dans sa fourrure.
L'un des chats se cachait le museau
quand je faisais mon violon.
Mais il réapparaissait pour le piano.
Le soir, il patouillait des sonates
sur mon couvre-lit.
Un autre s'était aménagé
un nid clandestin dans mes chaussettes.
Un autre passait la journée
planté à la fenêtre, à attendre
notre retour de l'école.
Un autre était fasciné
par le voyant de la radio.
Et un autre parvenait presque à sourire.

« Every Cat Has a Story », Naomi Shihab Nye,
femme de lettres palestino-américaine (née en 1952)

Devant la mosquée de Qijmas el-Ishaqi, Darb el-Ahmar

الزناتي
٢٠٠

Ma peine
passera quand j'aurai
trouvé la compagnie
d'un chat.

Ahmed Ibn Faris, lettré iranien († 1005)

CI-CONTRE : *Bebehr et M. Ahmed, Khan el-Khalili*
CI-DESSUS : *Bazar de Mashrabiyyah, Khan el-Khalili*

Un jour, deux hommes allèrent voir le juge
avec une chatte et ses petits,
que chacun d'eux réclamait comme siens.
Le juge ordonna de lâcher la chatte entre
leurs deux maisons :
elle saurait bien retrouver la sienne.
Et tout le monde d'approuver, et moi avec.
Mais voilà, la chatte n'alla ni vers l'une ni vers l'autre !

Tradition orale, attribuée à l'Imam Shafihi, un juriste égyptien du IXe siècle

Marchand de sodas, Bab el-Louk

Il était une fois un chat noir,
qui sortait chaque soir du fond
de la terre, en remontant un puits obscur.
Il quittait alors sa peau de chat et allait
en femme retrouver le propriétaire d'une
maison voisine. Et nuit après nuit,
elle savourait avec lui les joies de l'amour
jusqu'à la prière du matin,
avant de disparaître à nouveau
dans les profondeurs. Et chaque jour,
l'homme trouvait à son réveil un peu
d'argent, qu'elle avait laissé pour les
moments qu'ils avaient partagés.
Au fil des années, ils devinrent
si bons amis qu'elle aida sa fille à partir
en pèlerinage à La Mecque.

Folklore marocain

M. Fawzy avec Bustan

*Des boutons de rose
entourés d'épines : une chatte
qui porte ses petits dans la gueule.*

*Poème de Jalaluddin Rumi, numéro 2854 du Diwan-i-Kabir,
éd. B. Furuzanfar, Téhéran, 1957-1975*

CI-CONTRE : *Mosquée d'Ibn Touloun*
CI-DESSUS : *Bazar de Mashrabiyyah, Khan el-Khalili*

Le grammairien Ibn Babshad se restaurait avec ses amis, assis sur le toit d'une mosquée du Caire. Un chat venant à passer, ils lui donnèrent quelques rogatons : il s'en saisit et les emporta, puis revint à plusieurs reprises. Intrigués, les savants le suivirent et le virent bondir sur le toit d'une maison voisine, où attendait un chat aveugle. Le chat plaça délicatement la nourriture devant lui. Babshad fut si ému de voir comment la Providence veillait sur cette malheureuse créature qu'il abandonna tous ses biens et vécut dans la pauvreté, s'en remettant à Dieu jusqu'à sa mort en 1067.

*Tradition orale recueillie à la fin du XIV*e *siècle par le théologien et zoologue égyptien Damiri († 1405)*

CI-CONTRE : *Mosquée d'El-Mouayad* CI-DESSUS : *Haj 'Abdou, à la mosquée d'El-Mouayad*

Pour me protéger du froid,
je ne peux que grelotter,
tel le chat qui languit le soleil.

Poème anonyme andalou (v. XIIe siècle)

CI-CONTRE : *Sikkat el-Badistan, Khan el-Khalili*
CI-DESSUS : *Mosquée d'El-Mouayad*

En arrivant dans ses terres de la montagne, Sidi Heddi les trouva envahies de vipères et de scorpions. Affolé, il demanda de l'aide à Sidi Maschisch. Celui-ci lui envoya un chat blanc et lui recommanda de le traiter avec amour.

Règle coutumière de la confrérie marocaine des Heddawa.

Le peintre Badr Osman 'Ali Hafez avec son chat, place Tahrir.

Il était une fois un homme qui avait épousé une femme querelleuse et gloutonne. Elle se jetait sur tout ce qu'il rapportait à la maison et lui, étant timide, n'osait s'en plaindre. Un jour, le mari rapporta pour un invité un morceau de viande âprement marchandé. En son absence, la femme l'engloutit, rôti et arrosé de vin. À son retour, l'homme demanda : « Où est passée la viande ? Mon hôte est arrivé et il doit être bien traité ! »

La femme répondit : « C'est le chat qui l'a mangée ! Va donc nous en acheter un autre morceau ! »

Alors, il lança : « Qu'on m'apporte la balance, que je pèse le chat ! »

Il pesa le chat, et celui-ci pesait exactement trois livres. Alors le mari dit à sa menteuse de femme : « La viande pesait trois livres et demie, tandis que le chat, ma chère, ne pèse que trois livres ! Si c'est le chat, où est passée la viande, et si c'est la viande, pourrais-tu me dire où est le chat ? »

Conte populaire turc, rapporté par Jalaluddin Rumi

Corniche el Nil, Jardin municipal

1079
CORNICHE EL NIL

L'amour joue
avec mon cœur, comme
le chat avec la souris.

Abu Nuwas, le plus fameux des poètes abbassides
(Bagdad, fin du XIIIe siècle)

CI-CONTRE : *Café, Bab el-Louk*
CI-DESSUS : *Une partie de chat perché, Khan el-Khalili*

Bizarre, bizarre,
Comme c'est bizarre !
Un chat noir
Avec une queue noire !

Poème égyptien sur l'alchimie, XIIe–XIVe *siècle*

CI-DESSUS : *Mosquée d'El-Mouayad* ; CI-CONTRE : *Boutique de chaudronnier, Khan el-Khalili*

C'est un charme d'ombre
et de lumière jeté sur moi,
On dirait de l'ébène et de l'ivoire.

Attribué à Ibn Tabataba,
chérif (descendant du Prophète) cairote du Xe *siècle*

CI-DESSUS : *Route 82, Maadi*
CI-CONTRE : *Boutique de chaudronnier, Khan el-Khalili*

Le chat noir se baladait d'une table
à l'autre, en quête de miettes
et de morceaux de poisson, s'attardant
aux pieds des clients et se frottant à leurs
mollets avec une fainéantise de rentier.
Les clients échangeaient des plaisanteries
et des anecdotes et aussi quelques plaintes
et griefs. Parfois, l'un d'eux entonnait
une chanson, et ce caveau humide
s'emplissait de joie.
« Il n'y a pas de mal à oublier une heure
ou deux les problèmes de la pauvreté
et des enfants. »
« Ni à oublier la chaleur
et les mouches... »
« Ni à oublier qu'il y a un autre monde
en dehors de ces bars... »
« Ni à aimer jouer avec le chat noir. »

« La Taverne du Chat noir », nouvelle de Nadjib Mahfuz (né en 1911).

Café El-Hurriya, Bab el-Louk

Chat qui ronronne fort en automne,
rude hiver à venir.

Dicton turc

CI-CONTRE : *Bab el-Louk*
CI-DESSUS : *Sayyida et Zoïa, Khan el-Khalili*

vespa
القاهرة

Tu es devenue sauvage, tu t'es transformée
en chat des rues !
N'as-tu pas volé autour de mon cœur
comme un rossignol ?

Ta beauté n'est plus une révélation,
Ton visage n'est plus un objet de vénération.

Ta fraîcheur passée s'est faite triviale,
Ce qui était ta parure s'est déchiré...

Comment ta beauté peut-elle se trahir,
Comment le vin peut-il se changer en quinine ?

J'ai peur pour toi, sous tes bijoux.
Te voici devenue une romanichelle qui se prostitue,

Une minette existentialiste qui traîne dans la rue le soir.
Mais qui fais-tu encore rêver ?

« Chant pour pleurer un chat », Nizar Qabbani, poète syrien († 1998)

Chats des rues, Bab el-Louk

Parmi les animaux de l'arche de Noé, il y avait des cochons. Noé leur demanda de rester calmes, afin de ne pas faire tanguer l'arche. Mais le verrat monta la truie, et Noé les frappa avec un bâton. Les cochons s'ébrouèrent, ce qui fit sortir la souris. Le lion éternua, et de son nez s'échappa le chat, qui courut après la souris. En voyant ce remue-ménage, le dromadaire partit d'un tel éclat de rire qu'il se fendit la lèvre en deux.

Conte populaire marocain

CI-DESSUS : *Près des pyramides de Gizeh*
CI-CONTRE : *Le vieux marché aux chameaux, Imbaba*

Chat, tu es parti et n'es pas revenu.
Tu étais comme mon fils !
Nous t'aimions tant, comment t'oublier ?
Ta vigueur juvénile était si grande
Qu'on n'aurait pu la mesurer.
Tu pouvais chasser tous les fléaux,
Nous protéger des morsures de serpent
Et de la voracité des rats !
Tu venais à bout de la moindre souris,
Fût-elle au fond de son trou...
Ni les chauds rayons de l'été ne t'effrayaient,
Ni la froidure de l'hiver n'abattait ta bravoure...
Mon cœur tremblait pour ta vie.
Et toi, sans trembler, tu t'es glissé
Et tu t'es avancé doucement dans le pigeonnier,
Et tu as sauté sur un pigeonneau,
Et tu en as répandu les plumes dans la rue,
Et tu en as emporté la tendre chair pour ton dîner.
La tentation de te repaître
T'a valu la vengeance du maître des pigeons,
Et comme eux tu as fini.

« Poème d'adieu pour un chat défunt », Ibn al-Mutazz, prince abbasside et calife d'un jour († 908)

Boutique de volailler à Bab el-Louk

Quand un chat meurt,
il doit être suivi dans la mort
par un derviche, et vice-versa.
Quand un chat meurt subitement,
les derviches le pleurent et l'enterrent
dans une tombe orientée vers La Mecque.
Ils l'enterrent et ils disent : « Pars, ami, que
Dieu te donne la paix et nous donne la paix. »
Sur la tombe, ils posent une pierre. Parfois,
le chat mort sera drapé dans un linge
et les derviches pleureront
à chaudes larmes.

Règle coutumière des derviches Heddawa

Membres d'une confrérie mystique musulmane,
les derviches pratiquent divers rituels afin de se rapprocher de Dieu.

Près du mausolée du sultan Qaytbay, dans la Cité des morts

Le chat blanc
Sur la chaise blanche
Vit des minutes blanches
Et je ne suis même pas dedans

« Jalousie », Naomi Shihab Nye

CI-DESSUS : *Place El-Hurriya, Maadi*
CI-CONTRE : *Sieste, Dokki*

Le monde
change de forme,
vacillant dans la lumière,
comme à travers l'eau.
Les contours se dissolvent et se reforment.

Le chat cligne de l'œil.
Il attendait depuis longtemps
que tu lui rappelles son nom.
Son ronronnement,
réglé comme une horloge,
c'est un pont entre l'endroit
que tu as quitté
et celui où tu te retrouves maintenant.
Fidèle compagnon de route,
Il te guide vers la terre
Dont le nom te vient
doucement aux lèvres.

« Après la fièvre », Lisa Suhair Majaj (née en 1960)

Mosquée d'El-Mouayad

Quand la peine étreint mon cœur, je dis :
Peut-être s'en ira-t-elle un jour.
Quand j'aurai les livres pour amis du soir,
Pour bien-aimée la lueur de la bougie,
Pour ami le plus cher un chat blanc !

Damiri, théologien et zoologue égyptien († 1405)

CI-DESSUS : *Le vieil homme et le chaton, Darb el-Ahmar*
CI-CONTRE : *M. Ibrahim avec Zenana au bord du Nil, Zamalek*

Un jour, un chat tua
un serpent qui menaçait
le Prophète.
Reconnaissant, Mahomet
lui caressa le dos, et depuis
les chats ne tombent jamais
sur le dos. Il lui toucha aussi
le front de sa noble main
et voici pourquoi tous les chats
ont quatre lignes sombres
sur le front.

Tradition du Prophète notée par Jalaluddin Rumi († 1273)

Mosquée d'El-Mouayad

ARIEL

L'amitié entre chiens et chats prend fin quand le boucher ouvre sa porte.

Proverbe turc

Supermarché El-Ahram, Maadi

Le serpent se glissa dans la mosquée
et dit : « Un ennemi me poursuit,
protégez-moi ! »
Mais le hérisson dit : « Laissez-le-moi,
que je le mange. »
À la place, on lui donna du foie.
Le serpent s'enroula autour du gardien
de la mosquée pour le piquer,
mais quelqu'un vint à son secours
avec un chat dans un sac.

Le Prophète caressa le dos du chat
pour avoir tué le serpent,
et en faisant cela, il le bénit.

Voilà pourquoi le chat retombe toujours
sur ses pieds. Car le dos du chat, touché
par le Prophète, ne saurait toucher le sol.

Tradition du Prophète, recueillie par Jalaluddin Rumi († 1273)

Mosquée d'Ibn Touloun

Une fois ses enfants mariés,
la mère s'occupe
en élevant des chats.

« *Mudhakkiraat Sahim* », *Ahmed Bahgat (auteur égyptien, né en 1932)*

CI-DESSUS : *Étal de poisson, Sharia Darb el-Ahmar*
CI-CONTRE : *Volailler, Khan el-Khalili*

Tyrannie de chat
vaut mieux que
justice de rat

Proverbe arabe

Mosquée d'El-Mouayad

6308
١٩٩٤
Esso
XD

Si le chat avait des ailes
le moineau serait en danger

Proverbe persan

Minet au bord du Nil, Zamalek

Le chat ne te rend
pas plus impur qu'il ne rend impur
l'eau de tes ablutions

Tradition orale attribuée à Aïcha, troisième épouse du Prophète

CI-DESSUS : *Boutique de chaudronnier, Khan el-Khalili*
CI-CONTRE : *Mistigri, roi du souk*

Le mois du Ramadan me pèse lourdement. J'ai perdu ce bel élan qui jadis me poussait à sortir, mû par l'amour et la quête de Dieu. Dans ma petite enfance, je m'en souviens, je jeûnais et dès que le temps du jeûne prenait fin, je sortais avec mon repas et je le donnais aux chats et aux chiens errants. Et puis, je rompais le jeûne avec trois dattes en regardant les étoiles, avec le sentiment d'en abriter d'encore plus brillantes.

« *Muddhakkiraat Sahim* », *Ahmed Bahgat (auteur égyptien, né en 1932)*

Bazar, Bab Zoueila

100watt
323 1.3
ملاكى القاهرة
٧٥٨٥٦٣

Chez lui, le chat est un lion

Proverbe pakistanais

CI-CONTRE : *Sieste commune, Khan el-Khalili*
CI-DESSUS : *Auto-stop, Bab el-Louk*

Le chat dort sur les genoux du cheik,
le tapis de prière est son chez-soi

Attar, poète mystique persan († 1220)

CI-DESSUS : *Mosquée d'Ibn Touloun*
CI-CONTRE : *Fenêtre de la mosquée de Qajamas el-Ishaq*

Rêver d'un grand chat
est de bon augure :
c'est qu'une bonne récolte
attend celui qui rêve.

Recueil de songes sur papyrus (v. 1250 av. J.-C., mais probablement compilé dès 1900 av. J.-C.) ; Chester Beatty III recto. ; British Museum

Marchand d'olives près de la place el-Opera

Au printemps, quand fleurissent les roses, on dirait que les chats se mettent à chanter avec les rossignols. Mais vous savez, il y a tout de même une différence...

Dicton afghan

CI-CONTRE : *Boutique de mariage, Bab Zoueila*
CI-DESSUS : *Fontaine pour les ablutions, mosquée d'El-Mouayad*

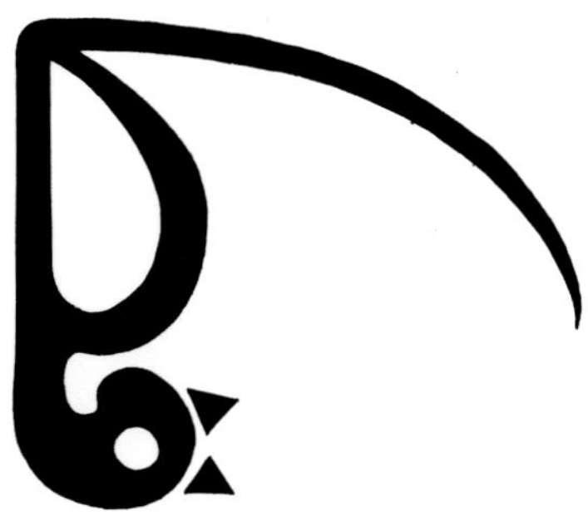

زيت طعام الممتاز رقم ١